AF267920

MONOGRAPHIE

DE

LA FAMILLE

DE

JACQUES-EDME

REGNAULT DE BEAUCARON

Notice honorée d'une Médaille d'argent
par la Société Académique de l'Aube (*Séance du 18 Décembre 1891*)

TROYES

IMPRIMERIE ET LITHOGRAPHIE DUFOUR-BOUQUOT
Rue Notre-Dame, 41 et 43

1893

MONOGRAPHIE

DE

LA FAMILLE

DE

JACQUES-EDME

REGNAULT DE BEAUCARON

Notice honorée d'une Médaille d'argent
par la Société Académique de l'Aube (*Séance du 18 Décembre 1891*)

TROYES

IMPRIMERIE ET LITHOGRAPHIE DUFOUR-BOUQUOT
Rue Notre-Dame, 41 et 43

1893

MONOGRAPHIE

DE LA FAMILLE

DE

Jacques-Edme REGNAULT de BEAUCARON

La Société Académique de l'Aube a publié, dans ses *Mémoires* de 1890, une biographie détaillée de Jacques-Edme Regnault de Beaucaron, avocat au Parlement, prévôt de Praslin, procureur fiscal et général du bailliage de Chaource, juge du district d'Ervy, président du tribunal de Nogent-sur-Seine, député à l'Assemblée législative, connu dans le département de l'Aube autant comme homme politique et magistrat que comme littérateur et poète. Nous nous proposons de présenter aujourd'hui sa famille, seulement à l'époque contemporaine de sa vie, c'est-à-dire à la fin du xviii° siècle et au commencement du xix°. Certes, nous n'avons à rapporter ici, ni faits mémorables, ni péripéties émouvantes; nous retraçons moins une généalogie agrémentée de détails biographiques qu'un tableau de mœurs et de vie intime. Aussi, le seul intérêt consiste-t-il à franchir, pour ainsi dire, le seuil d'une maison honorable du siècle dernier.

I

Situation de la Famille
avant, pendant et après la Révolution

Transportons-nous par la pensée dans la petite ville de Chaource et dans le bourg de Lantages où habitent les Regnault[1], attachés à ce pays par une origine ancienne[2].

---

[1] La maison Regnault, à Lantages, sert aujourd'hui de mairie. Elle était primitivement un rendez-vous de chasse orné de bois de cerfs et de chevreuils. Cette particularité explique l'inscription suivante, due à l'esprit gaulois de nos pères, datée de 1696 et gravée dans une pierre, à gauche du perron d'entrée :

> CORNV, CORNARD OV CORNICHON
> QVI PASSE PARMY CESTE RVE
> NY PASSE QVE LA TESTE NVE
> POVR TY CHOYSIR UN CAPUCHON

Il y a une vingtaine d'années, le sous-préfet de l'arrondissement, choqué de ce quatrain, avait engagé le maire à la faire disparaître. Mais celui-ci, dans son bon sens, lui avait répondu : « Ma foi, Monsieur le Sous-Préfet, avec votre permission, je n'en ferai rien, ça ne fait de mal à personne et ça fait rire les passants. »

[2] Le nom de Regnault se rencontre dans les actes les plus anciens du pays. Il y était très répandu, et de nos jours encore, en parcourant l'*Annuaire de l'Aube* de 1892, on rencontre 34 Regnault disséminés dans les diverses communes. Se rattachent-ils à une origine commune? Nous l'ignorons. En tous cas, ils étaient beaucoup plus nombreux encore dans les siècles précédents. Aussi, suivant l'usage du temps, habitant tous la même province, ils se distinguaient par des surnoms tirés la plupart du temps des terres ou du lieu où ils vivaient. Ainsi, sans quitter le diocèse de Troyes, on relève, par ordre alphabétique, dans les Obituaires, les familles Regnault portant les noms de d'Ancelot, de Beaucaron, du Berron, de Bigny, de Bragelonne, de Bouy, de Cambon, de Chascenay, de Clesles, de Colombey, de Droupt, des Landes, de Langres, de Macey, de Montlhery, de Nanteuil, de Périgny, de Pougy, de

Ils y occupent de père en fils des fonctions de magistrature locale[1], fonctions peu lucratives, mais qui, jointes aux

---

Provins, de Roncenay, de Saint-Léger, de Saint-Loup, de Vallant, de Vaufland, de Versigny, de Versy, de Warcq, etc... Une branche de la famille dont nous parlons a été connue un moment sous le nom de Polisy.

[1] L'origine de leur nom est en rapport avec leurs fonctions. Les étymologistes le font, en effet, dériver du germanique *Ragni*, conseil, et *ald*, sage; sage conseiller. Ce nom a inspiré à M. de Gravelle, dit « le second improvisateur français », un logogriphe qu'il dédia à la famille qui nous occupe, et où, au début, il fait allusion aux charges occupées par elle. Nous le donnons à titre de curiosité :

Monté sur mes huit pieds, sage administrateur,	
En tout ce que je fais, mon seul guide est l'honneur.	
Je discute parfois avec dame Justice	
Que trompent très souvent l'Intrigue et l'Artifice.	
En me décomposant, tu trouveras, lecteur,	
De la belle nature un faible imitateur.	*(Art.)*
Instrument mécanique; une place publique;	*(Grue, rue.)*
Quadrupède rongeur; trois notes de musique;	*(Rat; ut, ré, la.)*
Du poids de l'enveloppe, une déduction;	*(Tare.)*
Une mesure agraire; une conjonction;	*(Are, et.)*
Ce que font douze mois; très triste maladie;	*(An, gale.)*
Trois pronoms personnels; ville de Normandie:	*(Le, la, tel; Eu.)*
Un enduit pour boucher; du ciel, un habitant;	*(Lut, ange.)*
Pour être député, ce qu'il faut être avant;	*(Elu.)*
Manie, hydrophobie; un creux de bois ou pierre;	*(Rage, auge.)*
Un des quatre éléments; en Portugal, rivière;	*(Eau, Tage.)*
Aux tanneurs, corroyeurs, utile végétal;	*(Tan.)*
Synonyme de trois; point fixe et numéral;	*(Ter, âge.)*
Un doux mot que permet amoureuse démence;	*(Tu.)*
Ce que fait un boucher sans haine, ni vengeance;	*(Tue, tuer.)*
Mon sphynx a terminé,	
M'aurais-tu deviné?	

Ajoutons que ce nom de Regnault a fourni, à tous ceux qui l'ont porté, des armes parlantes, variables suivant les branches : « D'argent au chevron de gueules chargé d'un soleil ou d'une étoile à cinq pointes d'or; » *alias* : « de sable au lion d'or lampassé et armé de gueules, au chef d'azur chargé de trois demi vols d'or; » *alias* : « d'azur au lion ailé lampassé et armé de gueules; » *alias* : d'azur au lion d'or au chef cousu aussi d'or chargé de trois croix pattées de gueules; » *alias* : « d'argent à l'aigle au vol éployé de sable. » (Cfr. *Armoraux* de d'Hozier et autres, Champagne et Bourgogne). Le revenus de quelques terres, leur permettent de tenir leur rang dans la hiérarchie multiple de l'ancien régime et de mener une existence facile et considérée, sans autre souci que celui de laisser une réputation intacte. Leurs alliances, déjà nombreuses, se resserrent par ce fait que Jacques-Edme et Alexandre (Edme César Alexandre) Regnault, cousins germains, épousent : l'un, Elisabeth Chauvel, l'autre Eléonore Berthelin, déjà parentes entre elles avant leur mariage et toutes deux cousines d'Henriette Billebault des Rosiers [1], qui épouse par la suite son cousin, Edmond Regnault (Edme-Nicolas), fils d'Alexandre. D'où des parentés réitérées et compliquées qui unissaient entre eux les Regnault, Chauvel, Barbuat ou de Barbuat, Billebault des Rosiers, Berthelin, etc..., etc...

A la veille de la Révolution, Jacques-Edme Regnault de

Musée de Troyes conserve un cachet de bronze du XIII⁰ siècle d'un Regnault de Laignes, qui porte un aigle empiétant une perdrix. Le soleil *règne haut*, comme la croix, l'aigle, le vol d'or et le lion ailé.

Cette mode de *parler son nom* remonte, en effet, très loin et a été adoptée par les familles les plus illustres, comme les plus modestes, et par les villes. N'en a-t-on pas attribué l'origine à Louis VII, qui aurait d'abord couvert l'écu de France d'azur, couleur du manteau royal, puis l'avait chargé de fleurs de lys pour rappeler son nom de Loys? Les armoiries de Chaource même, reproduites sur la voûte, sur un vitrail et sur la grosse cloche de l'église, sont « d'azur à deux *Chats* passant d'argent ; affrontés et léchant, l'un sa patte droite, l'autre sa patte gauche, coupé d'or à l'*Ours* passant au naturel ; »

[1] Les Berthelin, de Chaource, et les Billebault des Rosiers ont, en effet, pour auteurs communs, Hᵉ Hᵉ Pierre Barbuat ou de Barbuat, marié en 1719 à Dⁱˡᵉ Anne Chauvel.

Les Chauvel portaient : « d'azur au chevron d'or, accompagné de trois roses d'argent. »

Les Barbuat : « de gueules ou d'azur à l'agneau pascal passant d'argent, au chef d'azur ou de gueules chargé de trois roses d'or. »

Les Billebault des Rosiers : « d'argent à l'aigle de sable au vol éployé, au chef d'azur chargé de trois besans d'argent. » Cfr. *Armoriaux* de d'Hozier et autres, Champagne et Bourgogne.

Beaucaron est avocat au Parlement, prévôt de Praslin, procureur fiscal et général du bailliage de Chaource, où son père, Edme, est docteur en médecine. Son grand-père, Lazare, est procureur fiscal en la justice de Lantages, procureur et notaire royal en la duché-pairie d'Aumont. Ses oncles, Edme-Lazare et Nicolas, sont : l'un avocat au Parlement, l'autre amodiateur et receveur de la terre de Lantages. Les Chauvel, Barbuat, etc..., occupent aussi dans le pays des fonctions judiciaires. Alexandre Berthelin (Pierre-Georges-Alexandre), frère d'Eléonore précitée, débute dans l'administration des aides, dont un de ses oncles est directeur. Leur oncle, Edme Berthelin (Pierre-Edme), est officier des carabiniers-gardes des maréchaux de France, et leur oncle à la mode de Bourgogne, Ferdinand Bonnet[1] (Louis-Ferdinand), dont la mère est née Berthelin, commence à se faire connaître comme avocat au Parlement par son remarquable discours sur les *Trois âges de l'avocat* et son éloquente plaidoirie dans l'affaire du baron de Kornmann, où se trouvent compromis Beaumarchais, le duc de Nassau et le lieutenant de police lui-même, etc., etc.

Au moment où commence le mouvement de 1789, ils appartiennent donc tous à cette partie éclairée de la nation qu'entraîne un élan généreux vers les réformes devenues indispensables.

Aussi, après l'organisation du département de l'Aube, J.-E. Regnault de Beaucaron est élu capitaine aide-major de la Garde nationale, juge du district d'Ervy, député des gardes nationales de l'Aube à la fête de la Fédération à Paris, puis député du département à l'Assemblée légis-

---

[1] M. Bonnet est le grand-père de M. Denormandie, sénateur, ancien gouverneur de la Banque de France. La biographie de Bonnet a été écrite par Dupin aîné et Philippe Dupin, Paris 1838; par Pinard, conseiller à la cour, dans sa brochure : *Le Barreau*, Paris, 1840; par Marie et Marc Bonnet, Paris, 1840. Enfin, l'*Almanach historique de l'Yonne* en a publié une très complète.

lative. Son père est nommé maire de la ville de Chaource ; son oncle, Edme-Lazare, est membre du Conseil des notables, administrateur du département, membre du Directoire exécutif présidé par le comte de Dampierre [1]. Alexandre Berthelin est nommé administrateur du district d'Ervy ; Pierre Berthelin, fils de Edme, veut suivre la carrière de son père et s'engage, alors âgé de 16 ans, dans une compagnie de chasseurs de la garde nationale, à Paris.

Bientôt arrive la Terreur, proscrivant les honnêtes gens révoltés aux premiers excès qui déshonorent la liberté naissante, érigeant la délation, la vengeance et le pillage en vertus et couvrant la France de deuils et d'échafauds... On a vu dans sa biographie [2], comment J.-E. Regnault put traverser ces tristes jours. Tous ses parents s'efforcent de disparaître de la scène et de rester dans l'ombre, autant que le permet la rigueur des temps. Mais ils ne peuvent pas toujours y réussir. En effet, le 23 août 1793, la Société populaire et républicaine de Chaource prend l'arrêté suivant : « Le vingt-trois aoust mil sept cent quatre-vingt-« treize, an deuxième de la République française, une et « indivisible, les Membres de la Société, réunis extraordi-« nairement, ont unanimement arrêté que les personnes « ci-après nommées sont dans le cas d'être déclarées

---

[1] Le Directoire du Département se composait de huit membres, élus par leurs collègues... L'Assemblée nationale avait recommandé de composer le Directoire, surtout la première fois, de citoyens sages, intelligents, laborieux et attachés à la Constitution. Les administrateurs parurent s'être efforcés, dans leur choix, de se conformer à ces instructions... Chaque semaine, on désignait un membre pour avoir la voix prépondérante, et nous connaissons ainsi ceux qui jouissaient le plus de l'estime de leurs collègues. C'étaient Abraham de Laffertey, Dampierre, Fromageot et Regnault.

(Babeau, *Histoire de Troyes pendant la Révolution*)

[2] *Mémoires de la Société Académique de l'Aube*, 1890.

« suspectes et qu'ils les déclarent telles : 1° Charles
« Poinsot; 2° Catherine et Georgette-Eléonore Berthelin;
« 3° Edme Regnault, homme de loi; 4° Jean Barbuat...;
« en conséquence, la Société arrête que la Municipalité
« devra prendre les mesures les plus promptes pour mettre
« les sus-nommés en état d'arrestation, les faire désarmer
« avec défense de communiquer entre eux. » Catherine et
Georgette-Eléonore Berthelin étaient fondatrices et direc-
trices de l'hôpital de Chaource; Edme-Lazare Regnault
avait été collègue du comte de Dampierre; Jean de Barbuat
était chevalier de Saint-Louis : c'étaient là des griefs
suffisants.

Le 25 août, la Société décide : « Sur la motion d'un
« membre de la dite Société, qu'Edme Regnault, homme de
« loi, mis en état d'arrestation, ne s'étant pas trouvé chez
« lui pour recevoir la notification de son arrestation, et
« qu'en vain on avait cherché ses armes pour s'en saisir,
« la Municipalité sera invitée à faire déposer, de la part
« du dit Regnault, ses armes au greffe, dans le jour de
« demain, sinon qu'il soit envoyé dans la maison destinée
« par la loi. »

Bientôt, la Société s'attaque même aux gens de service :
« Cejourd'hui, trente-et-un aoust mil sept cent quatre-
« vingt-treize, an deuxième de la République française,
« une et indivisible, tous les membres réunis, un d'entre
« eux s'est levé et a dit que dans les circonstances
« présentes, où il est question de terrasser les ennemis de
« la République, l'aristocratie s'agitait en tous sens pour
« empêcher l'exécution de la loi qui ordonne la levée en
« masse des citoyens depuis l'âge de 18 ans jusqu'à 25;
« que les suppôts les plus décidés de la tyrannie, n'osant
« agir par eux-mêmes, semblaient prendre à gages une
« espèce d'êtres fanatisés pour favoriser leurs projets liber-
« ticides. Ce sont les servantes que je veux ici caractériser;
« ce sont elles et leurs compagnes dont il est instant de

« fixer les pas envenimés. Je demande donc qu'on prenne
« les mesures les plus rigoureuses contre de pareils
« émissaires, que trois au moins d'entre elles soient mises
« en état d'arrestation, savoir : Thérèse Passerat, la
« servante des ci-devant sœurs de l'Hôpital (Mmes Ber-
« thelin) et celle du nommé Poinsot, déjà déclaré
« suspect, etc. »

Les dénonciations et les arrestations se multiplient,
l'échafaud est dressé en permanence à Troyes, et, pour
sauver sa tête, il est de toute nécessité de donner un
semblant de satisfaction à l'opinion. C'est dans ce but
qu'Alexandre Regnault et Claude Berthelin (Jean-Baptiste-
Claude), son beau-père, se font recevoir membres de la
Société, le 6 octobre 1793. Edme Regnault se fait recevoir
le huitième jour de la troisième décade du premier mois de
l'an IIe de la République, et le 20 brumaire, sur l'invitation de la Société de Chaource, lui et un autre citoyen
viennent déclarer : « qu'ayant eu connaissance que les titres
« des ci-devant seigneurs devaient être brûlés, ils avaient
« prévenu l'invitation du préopinant en remettant leurs
« lettres à la Municipalité de cette commune. » Le reste du
temps, Alexandre et Edme Regnault gardent la plus grande
réserve pour ne pas éveiller l'attention, et il faut reconnaître
que les habitants de Chaource ne se livrent pas à ces
sanglants excès qu'on a à déplorer dans d'autres localités.
Les terroristes sont, comme Rousselin, des meneurs venus
d'ailleurs [1]. Toutefois, il n'est pas toujours facile de se
mettre à l'abri des poursuites. Ainsi, Jean Barbuat ne
peut arriver à se faire recevoir membre de la Société, sous
le prétexte qu'il aurait tenu contre elle, quelque temps
auparavant, « des propos avilissants qui ne tendaient à
« rien moins qu'à lui faire perdre l'estime de ses conci-

---

[1] Un des principaux dénonciateurs de Chaource est un ivrogne,
nommé Rémy, ancien sergent, devenu vitrier.

« toyens. » Le 15 brumaire (5 novembre 1793), il est incarcéré à Troyes.

Edme-Lazare Regnault, qui n'a pas quitté le pays, ne peut se soustraire plus longtemps aux recherches et a bientôt le même sort[1]. Il est arrêté et conduit, le 1er frimaire an II (21 novembre 1793), à Troyes, au Grand-Séminaire, transformé en prison, où il reste enfermé pendant huit mois et demi, attendant chaque jour sa mise en jugement. Les détenus du Grand-Séminaire sont traités avec une rigueur particulière qui s'accentue chaque jour. On leur défend de communiquer avec leurs parents ou leurs domestiques, même en présence d'un commissaire de la municipalité; on met à leur charge les appointements et l'habillement du concierge et de la garde soldée, les frais d'impression des règlements, l'huile, le bois, la chandelle. Ils doivent se nourrir à leurs frais et faire venir du dehors des aliments, qu'au nom de l'égalité, on mêle dans un baquet pour les distribuer ensuite par portions égales aux détenus. Le vin est aussi mélangé et bu en commun. La viande n'est accordée qu'aux malades et aux infirmes. Le 7 germinal, on refuse même d'en laisser passer, et la majeure partie des détenus reste vingt-quatre heures sans manger. A partir du mois d'avril, on leur interdit les promenoirs communs, où les hommes et les femmes peuvent se rencontrer; on défend de conserver de la lumière jusqu'à une heure avancée. On leur retire la jouissance de leurs biens, et même de leurs effets, qui sont mis sous scellés.

Pendant ce temps, Pierre Berthelin est à Paris. Le 10 août 1792, il est au nombre de ceux qui s'efforcent de protéger, aux Tuileries, la faiblesse du roi persécuté; il fait le coup de feu aux côtés de M. Bellart, le futur procureur général de la Restauration, qui, dès cette époque,

---

[1] Cf. Babeau, *Histoire de Troyes pendant la Révolution*.

combattait pour la Royauté. A cette époque funeste, ni l'âge, ni l'obscurité, ne défendaient des persécutions. Pierre Berthelin, désigné comme l'un des défenseurs des Tuileries, pouvait payer de sa tête un devoir accompli. Il se réfugie, sur les instances de sa mère, aux environs de Troyes. Revenu à Paris, au moment de la mort de Louis XVI, il devient de nouveau en butte aux délations. Sa mère obtient son passage sur la corvette *la Blonde*, en partance pour Cayenne, où il devient secrétaire du gouverneur. Bonnet, réduit, ainsi que ses confrères, à se cacher, épuise rapidement ses ressources, au point qu'à la naissance de son premier-né, il est forcé de solliciter de la Commune des bons de pain. Il supporte ces dures épreuves, ainsi que sa femme, avec un mâle courage qui ne se dément pas.

La chute de Robespierre met enfin un terme au régime odieux sous lequel gémit la France. Les échafauds disparaissent, les prisons s'ouvrent peu à peu, et Edme-Lazare Regnault est rendu à la liberté le 11 fructidor an II (28 août 1794). Les honnêtes gens reprennent le dessus : Jacques-Edme Regnault, dont nous n'avons plus ici à retracer l'histoire, devient magistrat à Troyes, puis à Nogent-sur-Seine; Nicolas, maire de Lantages; Edme-Lazare, conseiller municipal de Chaource; Claude Berthelin est maire de cette ville, fonction qu'occupa par la suite son gendre, Alexandre Regnault, puis son petit gendre, le docteur Rouvre[1], marié à Eléonore Regnault, qui, près d'un demi-siècle, fut conseiller municipal, adjoint et maire, conseiller d'arrondissement, et mourut député de l'Aube, en 1881, aimé et estimé de tous ceux qui l'ont connu. Aussi, peut-on dire que, jusqu'à cette époque, la famille a toujours pris part à l'administration municipale de Chaource. Alexandre

---

[1] Voir, pour M. Rouvre, la *Biographie des personnages de Troyes et de l'Aube*, par E. Socard. — Troyes, 1882.

Berthelin devient magistrat à Bar-sur-Seine, procureur général près la Cour d'assises de l'Aube, membre du Conseil général de ce département, juge d'instruction à Paris; Pierre Berthelin fait les campagnes du premier Empire et assiste au blocus d'Anvers, comme major des quatre bataillons de la garde urbaine de cette ville[1]. Louis-Ferdinand Bonnet rentre au barreau réorganisé, y brille rapidement au premier rang de ses illustres confrères, met le comble à sa célébrité par sa courageuse défense du général Moreau, est nommé successivement bâtonnier de l'ordre, conseiller à la Cour de cassation, député de la Seine.

Parmi les jeunes, Edmond Regnault et Bon-Louis Ber-thelin, fils de Pierre, commencent leurs études juridiques. Celui-là méritera la croix de la Légion d'honneur pour son intelligente activité comme maire de la ville de Sens et son dévouement pendant les épidémies de choléra ; celui-ci, magistrat des plus distingués, deviendra conseiller à la Cour de cassation. Telle est, esquissée dans ses traits principaux, cette famille qu'un de ses membres définissait ainsi : « Famille de la bonne roche qui, dans la commune « de Chaource, isolée au milieu des bois, a conservé toute « la pureté, la sévère équité du bon temps d'autrefois. « Plus d'une fois j'ai été avec mon père visiter ce Chaource, « si calme, si tranquille, si pur du fracas parisien, et j'y « ai toujours passé mon temps d'une douce façon, vivant « de la vie de mes parents sans ambition. On est fier de « descendre de si bonne souche. »

---

[1] Je, soussigné, lieutenant général, chevalier de l'ordre royal militaire de Saint-Louis et de la Légion-d'honneur et gouverneur d'Anvers, certifie que M. Louis-Pierre Berthelin, ci-devant entreposeur principal du tabac de cette ville, y a été nommé major de la garde urbaine, le 9 février de cette année, et qu'il en a exercé les fonctions pendant le blocus de cette place avec un zèle, une vigilance et une distinction dignes des plus grands éloges; en foi de quoi, je lui ai donné le présent certificat. — Fait à Paris, le 1er sept. 1814.

Signé : CARNOT.

II

Vie intime. — Fêtes de Famille

Chaource est le berceau et le centre où, tous les ans, on
vient se réunir dans une joyeuse intimité où nous allons
pénétrer maintenant : « Bien jeune que j'étais, dit le
« conseiller Berthelin, je jouissais déjà du plaisir d'écouter
« les conversations vives, animées, spirituelles et littéraires,
« auxquelles tous ces hommes supérieurs apportaient
« chacun leur tribut. Oh! les bonnes causeries d'autrefois,
« où l'esprit répondait à l'esprit, où les thèses les plus
« diverses étaient tour à tour traitées, sans que jamais la
« contrariété d'opinion dégénérât en discussion, où le mot
« fin engendrait la répartie vive, mais jamais piquante, où
« l'érudition n'excluait pas la gaîté, où les femmes, en
« apportant leur esprit, apportaient leur grâce et rendaient
« plus aimable l'esprit de chacun. Douces causeries que
« vous êtes loin de nous, de nous à qui la mode fait chaque
« jour dépenser tant d'argent pour courir s'ennuyer tour à
« tour dans dix salons où la conversation est morte, où
« femmes et hommes, comme séparés par un abîme,
« discutent chacun de leur côté : les uns, des questions de
« toilette, les autres, des questions de politique et d'argent.
« Que je te regrette, bon vieux temps, où l'homme avait
« d'autres mérites que le vernis de ses bottes ou la blan-
« cheur de ses gants, où la femme brillait autrement que
« par l'ampleur démesurée de ses jupes. »

Au moment des vacances, ce ne sont que longues pro-
menades, parties de chasse et de pêche : « Avec l'ami
« Regnault, écrit-on, à l'aide de nos jambes, nous nous
« élevons fort au-dessus du commun. » C'est l'époque des
chansons au dessert, des charades et des comédies. Un

vaste bâtiment, dit la Grange-aux-Moines[1], sert de salle
de danse et de spectacle. On a vu que J.-E. Regnault
excellait à improviser des couplets d'à-propos, mais nous
n'en citerons aucun ici pour ne pas répéter ce qui a
été écrit déjà dans les *Mémoires* de 1890. Ses cousins
imitent son exemple, et, tour à tour, fournissent le compliment d'usage qui doit célébrer chaque fête, chaque festin.

En 1816, un vaudeville entier est composé par Edmond
Regnault, avec son ami de Belle, pour célébrer les noces
d'or de ses grands parents, M. et Mme Claude Berthelin,
dont le conseiller Berthelin fait le portrait suivant : « J'ai eu
« le bonheur de connaître ce vieillard vraiment auguste
« dans sa simplicité de mœurs, véritable patriarche échappé
« à l'influence du siècle. Il avait une de ces fortes char-
« pentes de corps que font les travaux des champs et
« une de ces figures mâles et douces en même temps,
« qui reflètent une âme vouée au culte de l'honneur. Sa
« femme était petite, chétive, mais active comme une
« bonne mère de famille, toujours gaie, parce qu'elle avait
« une vie honnête et occupée. »

---

[1] Ce bâtiment dépendait de la maison de Claude Berthelin, habitée
ensuite par sa petite-fille, Eléonore Regnault (Mme Rouvre) et cons-
truite par une de ses ancêtres, Françoise Rémond, femme de Daniel
Brenot, écuyer, seigneur de Bragelonne, archer des gardes du corps
du roi, laquelle en posa la première pierre en juillet 1584, ainsi
qu'il résulte d'une inscription existant encore maintenant. Cette
maison a été achetée dernièrement par M. Maréchaux pour y
installer une pension. Son apparence nous semble aujourd'hui des
plus modestes, et cependant elle paraissait jadis une des plus belles
habitations de Chaource, si nous en jugeons par la description
suivante qui en est faite dans un inventaire :

« La construction antique de cette maison, sa situation, sa division
« et ses dépendances annoncent l'ancienne grandeur de ceux qui l'ont
« fait construire... Au midi de la cour, un superbe jardin, etc... Ce
« jardin joint à l'avantage d'un bon sol pour le potager l'agrément
« d'un petit parterre, d'une terrasse, et d'une jolie charmille qui
« forme un dôme et une promenade parfaitement abritée. Il est
« encore embelli de touffes et de petits bosquets en bois taillé. »

.On fait de nombreux préparatifs, on accourt de tous côtés, et c'est avec entrain que l'on chante, en débarquant de la poudreuse diligence, sur l'air de la *Ronde de la Garde nationale* :

Gaîment[1]
Chacun de nous descend
Avec empressement
D'une voiture
Dure ;
Bonsoir,
Compagnons, au revoir,
Roulez jusqu'à ce soir.
Bon voyage,
Courage.
Charmons
Par de douces chansons
Les moments las ! trop longs
Pour notre impatience ;
Amis, que nos bons mots
Occupent les échos :
Point de tristes propos,
Notre route s'avance.

Quel désir
De revoir ta source.
Chère Armance ! et de découvrir
Cette ville de Chaource
Où nous attend le plaisir ! etc.

Quels ris,
Quels éclats et quels cris !
Des vil'ageois surpris
Arrivent
Et nous suivent,
Et d'autres tremblent sous leurs toits
De voir les Bavarois
Une seconde fois.
Poltrons,
Restez dans vos maisons :
Nos joyeuses chansons

---

[1] Prologue de la comédie *La double Noce*, 1816, par Edmond Regnault.

N'appellent pas les armes;
Soyez sans alarmes,
De ce bon pays
Ces lurons réunis
Ne sont pas ennemis.
Un groupe qui de loin s'avance
Redouble notre gaîté
Et nous apporte l'espérance
D'une douce réalité ;
On s'empresse,
Le temps presse,
Quelle ivresse !
Des voyageurs
C'est le père,
C'est la mère,
C'est le frère,
Ou les sœurs.

Contents
De revoir nos parents,
Nous entrons triomphants
Dans la patrie
Chérie,
Et là, selon notre désir,
Nous goûtons à loisir
Et bonheur et plaisir.

Le vaudeville est entremêlé d'une foule d'allusions aux héros de la fête. Nous en citerons quelques-unes :

De tous côtés, ici, l'on voit, ma fille,
De leur vertu les nombreux monuments;
Des villageois, adoptive famille,
Les malheureux leur semblent leurs enfants.
Ah ! de les perdre au déclin de leur âge,
Si par malheur nous avions le chagrin,
Le deuil serait général au village,
Chacun de nous se croirait orphelin !

Trop modestes dans leurs bienfaits
Pour tromper la reconnaissance,
Sur tous les heureux qu'ils ont faits
Ils veulent garder le silence.
Mais en vain ce couple tairait
Tout le bien qu'il fait à la ronde,
Car pour le cacher il faudrait
Fermer la bouche à tout le monde !

> Partout à la reconnaissance
> Ils avaient des droits éternels ;
> A leurs vertus, leur bienfaisance,
> On devrait dresser des autels !
> Pour eux, hélas ! sur cette terre
> Ne sont permis honneurs si grands,
> Mais leur plus digne sanctuaire
> Est dans le cœur de leurs enfants !... Etc.

Chacun a son couplet. Alexandre Berthelin, chez lequel on s'arrêtait toujours en allant à Chaource, lorsqu'il était procureur général à Troyes, n'est pas oublié par son neveu, Edmond Regnault :

> Jadis, je trouvais en voyage
> Une auberge pleine d'attraits,
> Où tout le monde eût, je le gage,
> Voulu se fixer à jamais ;
> Là, tous mes vœux étaient comblés d'avance,
> Mes hôtes désintéressés
> Ne demandaient que ma reconnaissance
> Pour prix de leurs soins empressés.
> . . . .
> Aussi comblé de ses bienfaits,
> Par une illusion bien chère,
> Souvent, mon ami, je croyais
> Etre déjà près de ma mère.... Etc.

Puis, rappelant sa nomination comme juge d'instruction à Paris :

> Aujourd'hui, dans la Capitale,
> De l'étude toujours épris,
> Des lois éclairant le dédale,
> Il est l'organe de Thémis.
> Le mérite qui le décore
> Peut se définir en deux traits,
> Car de l'avoir lorsque Paris s'honore,
> Tout son pays lui donne des regrets.... Etc.

Puis, des vers à l'adresse d'Alexandre Regnault :

> J'aime son noble caractère :
> Il semble à nous voir tous joyeux
> Se plaire ;
> Il prévient par ses soins heureux
> Nos vœux ;

> Sa compagne à bon droit m'est chère,
> Mon cœur tendrement la révère,
> En elle bien souvent je vis
> Ma mère,
> Par l'amitié du moins je suis
> Son fils.... Etc.

Nous n'en finirions pas si nous voulions citer ici toutes les strophes destinées à chacun. Partout se manifestent l'affectueuse union de la famille, la gaîté la plus cordiale :

> Buvons en Champagne
> Le vin de ce bon pays ;
> Sa qualité gagne
> Quand on est entre amis.
> Par la maladie,
> Cruelle ennemie,
> L'homme, dans la vie,
> Peut être tourmenté ;
> Or, souvent, je pense,
> On doit par prudence
> Bien boire d'avance
> Chacun à sa santé.... Etc.

Ferdinand Bonnet, fils de l'avocat, ne veut pas être en reste avec les autres et commence ainsi :

> Pendant cinquante ans de ménage,
> Sans cesse vous fûtes heureux.
> Pour moi qui suis dans mon jeune âge,
> Mon amour pour vous n'est pas vieux,
> Mais devant moi l'espérance qui brille
> Me fait dire de jour en jour,
> Le plus jeune de la famille
> A plus de temps pour prouver son amour !... Etc.

Mme Berthelin ayant été malade, son petit-fils Félix de chanter :

> Mes bons amis, on nous rend notre mère,
> Egayons-la par de joyeux refrains ;
> Pauvres, portez gaiement votre misère,
> Ne craignez plus de rester orphelins !... Etc.

De même après une maladie, on fête la convalescence

de Claude Berthelin ; on immole l'animal illustré plus tard par Monselet, pour faire les frais du repas de famille. Alexandre, son fils, dit les vers suivants :

> Plus de craintes, plus de soucis,
> Chantons, buvons, faisons bombance,
> Et du plus cher de nos amis
> Célébrons la convalescence.
> Le ciel ne pouvait refuser [1]
> Sa guérison à nos prières,
> Puisqu'il a promis d'exaucer
> Toutes celles qui sont sincères.
>
> . . . .
>
> Père adoré, mère chérie,
> Promettez de vivre pour nous,
> Il est dans le séjour céleste
> Assez d'honnêtes gens sans vous,
> Sur la terre il faut qu'il en reste.
>
> Par choix, je serais votre enfant,
> Si l'on choisissait sa famille ;
> Oseriez-vous en dire autant
> De moi, même de votre fille ? [2]
> Hélas ! à fond je nous connais,
> Par ma foi, nous ne valons guère,
> Mais nous vouliez-vous plus parfaits ?
> C'était à vous de nous mieux faire... Etc.

La forme des couplets est le plus fréquemment employée. Cependant, cette règle n'est pas sans exception, témoins les vers suivants de Félix Berthelin pour la fête de sa mère :

> Ta fête est revenue et redouble mon zèle,
> J'aime les soins heureux qu'elle entraîne après elle,
> Ces doux épanchements, ces aveux sans détour
> Qui soulagent le cœur et révèlent l'amour.
> Ridicule pouvoir d'une honte insensée !
> Trop souvent à tes yeux je cachais ma pensée
> Et près de te bénir, une fausse pudeur
> Tint ma voix enchaînée en dépit de mon cœur.

---

[1] Variante : Depuis longtemps, sa guérison,
               Par nous tous était demandée,
               Excepté par notre cochon,
               S'il eût pu dire sa pensée !

[2] Mme Alexandre Regnault.

Que j'ai rougi depuis d'un coupable silence !
J'attendais le moment d'expier mon offense.
Ah ! le pourrais-je mieux qu'en ce jour solennel
Où l'on vient te jurer un amour éternel :
Tout me parle en ces lieux des vertus de ma mère,
L'amour de tes parents, le bonheur de mon père,
L'empressement flatteur de nos jeunes amis,
Pour te fêter plus tôt, avec nous réunis,
L'attachement constant de ta petite amie,
L'amitié déjà vieille et non moins affermie
De ces voisins chéris que semble ranimer
Le plaisir de te voir, la douceur de t'aimer,
Le respect de ton fils, la bonté de ta fille,
Les bénédictions de toute ta famille,
Nos souvenirs anciens, nos souvenirs récents,
Tous ces tendres égards, tous ces soins complaisants,
Prodigués si longtemps à notre faible enfance.
. . . .
Mon bonheur, ma santé, ma vie est ton ouvrage.
Oui, ma mère, je t'aime, oui, j'aime ton courage,
J'aime pour les vieillards ton respect vertueux.
Cette fidélité gardée aux malheureux,
Cette solidité, cette constance d'âme,
Et tant d'autres vertus au-dessus d'une femme.
Mais pour aimer sa mère en faudrait-il donc tant,
Et ne suffit-il pas d'être né son enfant ?... Etc.

En 1819, on célèbre le mariage de Julie Regnault avec
M. Gabiot : « Mon père, dit le conseiller Berthelin, jouait
« un rôle dans la pièce des *Deux Edmond*. Quelles noces
« de Gamache ! Pendant trois jours et trois nuits, on ne
« cessa de banqueter et de danser. Ah ! comme on s'amu-
« sait dans ce bon vieux temps. En revoyant tous ces lieux
« où, dans une modeste fortune, nos parents furent si
« heureux et s'amusaient tant, je me demande si les grosses
« fortunes, si les honneurs dont nous jouissons aujourd'hui
« compensent les douleurs que la vie nous a apportées et
« cette dispersion de la famille qui est naturellement
« l'œuvre du temps. »

Bonnet compose des couplets pour la mariée :

Votre mari, d'ailleurs honnête,
M'a chargé d'un étrange soin :
Il est le héros de la fête
Et m'en a rendu le témoin ;
Mais qu'il souffre que je retarde
Des plaisirs si doux et si beaux,
Avant qu'à son aise il bavarde
Je veux vous dire encor deux mots.

Qu'il est joli le mariage !
Deux mots suffisent au bonheur :
Oui, dit l'époux plein de courage,
Oui, dit l'épouse avec douceur.
Cette aimable et courte réplique
Termine les avant-propos,
Et le lendemain on s'explique
Ce qu'on entend par ces deux mots.

Cousine, vous allez, je gage,
Vous méfier de mes propos,
Mais tout le secret du ménage
Est de répéter ces deux mots.
Et tant que l'épouse docile
Sait prêter l'oreille à propos,
L'amour peut rendre tout facile
Par le secours de ces deux mots,

A Eléonore Regnault :

Madame, on vous dit fort habile,
Vous avez, pour guérir les maux,
De l'émétique pour la bile
Et pour nos rhumes des sirops.
Mais des blessures que vous faites,
Guérir serait fort à propos :
Madame, au lieu de vingt recettes,
Il vous suffirait de deux mots !

Quant au vénérable grand-père
Que tous ici nous adoptons,
Toujours franc, loyal et sincère,
Le modèle de ces cantons,
L'honneur fut sa vertu première,
Il le chérit dès le berceau :
Ce fut son premier mot sur terre,
Et ce sera son dernier mot.... Etc.

L'oncle Alexandre Berthelin apporte aussi des couplets ;
mais, dit-il :

> . . . .
> Hélas ! les muses infidèles
> Ne président plus à mes chants,
> Elles sont femmes et comme elles
> Chassent l'amour en cheveux blancs.
> . . . .
> C'est à vous, aimable jeunesse
> Qui savez et peindre et sentir,
> A chanter l'amour, son ivresse ;
> A nous d'écouter, d'applaudir.
>
> Et d'ailleurs que puis-je te dire,
> Que tu ne saches dès longtemps ?
> Mes vœux répétés sur la lyre
> Pourraient-ils être plus fervents ?
> La seule chose, ô ma Julie,
> Qu'on redirait, matin et soir,
> Et sans que jamais elle ennuie,
> Cette nuit, tu vas la savoir !... Etc.

Bientôt, Edmond Regnault épouse sa cousine Henriette
Billebault des Rosiers ; Bonnet compose encore de charmants couplets : « Nos enfants, écrit-il, se sont joliment
« divertis à la noce d'Edmond. » Mais là, le futur se
charge lui-même d'adresser de nombreuses pièces de vers
à sa femme :

> . . . .
> Henriette, ma douce amie,
> Quel trésor peut te remplacer ?
> Que manque-t-il dans cette vie
> A celui que tu sais aimer ?
> Chérissons-nous avec franchise,
> N'écoutons que la voix du cœur,
> Et prenons toujours pour devise :
> Edmond, Henriette et bonheur.... Etc.

Presque toute la jeune génération est mariée en 1819,
et le 25 novembre, le jour de la Sainte-Catherine, un
banquet réunit à Chaource toutes les jeunes femmes du

pays avec quelques jeunes gens, à défaut de demoiselles, sous la présidence d'Eléonore Regnault (alors Mme de Huit-muids, devenue plus tard Mme Rouvre), qui lit, au dessert, des vers de son frère :

. . . .
Tous les ans, de notre patronne,
Je vous rappelle les hauts faits ;
Hélas ! en vain, je vous sermonne,
C'est tout comme si je chantais.

J'ai beau vous dire : « Notre sainte,
« Par ses vertus, par ses bienfaits,
« Sut gagner la céleste enceinte
« Que vous vous fermez à jamais,
« Que son exemple vous inspire,
« Sachez imiter ici-bas
« Sa virginité, son martyre. »
Tout cela ne vous séduit pas.

Notre troupe, autrefois si belle,
Tous les jours décroît et s'enfuit,
Et depuis que l'hymen s'en mêle
Chaque vierge ici s'arrondit !
Du siècle, influence fatale,
Au mariage nous courons,
Et bientôt la sainte, ô scandale,
En sera réduite aux garçons !

C'est ainsi que les mariages, les anniversaires, sont joyeusement célébrés, avec une pointe de cet esprit gaulois que l'on retrouve encore aujourd'hui dans la contrée. Nous n'en avons donné que quelques exemples. Nous aurions pu en citer cent fois plus, mais ces couplets n'ont qu'un intérêt de circonstance particulière, et peut-être en avons-nous même déjà trop multiplié les citations, que nous avons prises presque au hasard dans le très grand nombre.

III

Chaource. — Histoire d'un Pâté de chat

On comprend sans peine comment, avec tous ces
éléments, la famille Regnault restait dans ce temps-là
fidèlement attachée à son pays, dont on faisait l'éloge en ces
termes :

> L'autre jour, un mauvais chrétien[1]
> De Chaource a voulu médire :
> Il faut, en bon concitoyen,
> Que je réponde à sa satire.
> Si le chemin est raboteux
> Pour gagner ce lieu de délices,
> C'est qu'un chemin qui mène aux cieux
> Doit être plein de précipices.

Le fait est que les abords de cette capitale n'étaient pas
toujours très faciles, si nous en croyons une lettre de
Claude Berthelin, en date du 7 novembre 1824 : « Nous
« avons été dîner à Auxerre ; le soir, à huit heures, nous
« avons pris chacun notre voiture, celle de Bonnet pour
« Paris et moi la malle de Troyes, que j'ai quittée à Auxon,
« parce que j'étais vermoulu et que je me voyais à quatre
« lieues de Chaource, mais j'ai été trompé : la diligence
« ou le tombereau a toujours été son temps, et moi je n'ai
« pu passer les eaux. Il a fallu que je fasse cinq lieues
« à pied et sous la pluie. Je suis arrivé mouillé, on ne
« pouvait plus me deshabiller. »

Quelques années plus tard, Alexandre Regnault écrivait
(septembre 1836), en revenant de Tonnerre : « Nous
« n'avons mis que huit heures pour faire nos six lieues,

---

[1] Chanson d'Alexandre Berthelin.

« en rendant grâces à Dieu de n'avoir pas couché en
« route. A la vérité, nous sommes restés plus de trois
« heures dans un trou, dont neuf chevaux ont eu peine à
« nous tirer. Quoique j'aie bien barbotté dans les boues,
« je suis arrivé bien portant, reconnaissant du bon accueil
« que j'ai reçu de vous tous. » Mais revenons à notre
chanson :

Oh ! quel admirable pays !
Tout nous y plaît, tout nous enchante.
On y croit être en paradis :
C'est du moins l'avis de ma tante.
Elle sait, par maints arguments,
Vous prouver que le premier homme
Fût chassé de ces lieux charmants
Pour avoir trop aimé la pomme !

Le Chaourçois a sous la main
Tous les agréments de la vie :
Ses légumes dans son jardin,
Sa porcelaine à la Feuillie[1].
Le maire est un être divin
Dont la police est entendue :
Pour que l'oison ait un bassin,
Il fait dormir l'eau dans la rue.

On nous défend les cabarets,
L'amour, la toilette et la danse,
Mais on y trouve plus d'attraits
En se moquant de la défense.
Si nous n'avons pas Audinot,
L'Opéra, sa douce harmonie,
Nous avons l'abbé Martinot[2]
Pour nous donner la comédie.

---

[1] La Feuillie est un hameau dépendant de Chaource, où l'on
faisait des poteries.

[2] L'abbé Martinot, curé de Chaource, avait, pendant la Révolution,
refusé de prêter le serment exigé des prêtres, et, pour ce motif,
avait été, comme réfractaire, enfermé à la prison de Troyes, où
Georgette et Eléonore Berthelin, dont il a été question plus haut,
allèrent plusieurs fois le voir à pied pour lui porter des secours.

Si le satirique méchant,
Qui veut gloser sur cette ville,
Etait de ce repas charmant,
Ah! comme il changerait de style!
Il reviendrait à mon avis
Et dirait, en vidant son verre :
« Oui, Chaource est, mes bons amis,
« Le meilleur pays de la terre. »

On le voit, l'éloge n'est pas exempt de railleries. Pour le compléter, ajoutons ces vers dont nous ignorons l'auteur :

Mes bons amis, chantons Chaource,
    Ce pays sans pareil;
C'est le plus beau que dans sa course
    Eclaire le soleil!...
Afrique, en vain, l'on nous répète
Que tes monstres sont effrayants!
Est-il une plus grosse bête
Que le notaire de céans?...

Ainsi, on ne laisse pas de se moquer un peu du prochain ; les petits ridicules, les aventures burlesques sont vite dévoilés et excitent la verve des poètes chaourçois. Remontons quelques années en arrière, avant la Révolution, et, comme exemple de ce genre caustique, rappelons, entre autres histoires qui ont amusé nos pères, celle d'un Pâté de chat d'Ervy, qui a eu son moment de notoriété et a été mise en vers par un grand oncle d'Henriette Regnault, Le Tors de Vauclairon, de Chaource. Pour la circonstance, Le Tors de Vauclairon écrit sous le pseudonyme de Blonnier, pâtissier. Son poème satirique, divisé en six chants, est précédé de l'épître suivante adressée à un certain d'Haranguières, connu pour ses prétentions de poète et ses expressions fantaisistes, que Le Tors ne se fait pas faute de reproduire :

Monsieur,

Vous me fites l'honneur de me montrer, en buvant chopine chez moi, une épigramme de soixante et dix-neuf vers et demi,

que vous me dites être de votre composition et qui avait été
enrichie de variantes par *M. Chiant-Cul*[1], votre beau-père.
Je vous fis remarquer qu'il n'y avait ni rime, ni raison, dans la
pièce en général, et que chaque vers en particulier n'avait pas le
nombre de pieds requis; il est vrai que cette dernière faute était
excusable, ou que vous n'aviez péché que par ignorance, ne
sachant pas que ces sortes de vers fussent susceptibles de pieds, et
croyant qu'il n'y avait que les verres à boire qui dussent en avoir.
Quoiqu'il en soit, je vous dis que j'exercerais ma plume sur le
même sujet que vous aviez si maussadement traité, et c'est pour
exécuter cette promesse qu'est composé le poème que j'ai aujour-
d'hui l'honneur de vous présenter.

Je n'ai point voulu y hasarder des *Brancards*, tels que ceux que
vous avez lâchés dans votre épigramme contre M. de Billy; car ce
M. de Billy aurait pu me faire quelque procès, et je n'ai pas,
comme vous, le privilège de les emporter de *haute-flûte* au Parlement. D'ailleurs, pourquoi voudrais-je l'injurier, il ne le
mérite pas. M. C*** lui envoie des provisions d'Asnières[2]; c'était
une plaisanterie très déplacée de la part d'un Élu. Il renvoie à
M. C*** un Pâté de chat; c'est se venger d'un tour par un autre
tour, vengeance qui n'est rien moins que répréhensible.

J'ai usé de beaucoup de ménagements à l'égard de M. Chiant-
Cul, votre beau-père, et de sa fille, qui a l'honneur d'être votre
épouse. A votre considération, je ne les ai point nommés, quoique
tous deux aient mangé du fameux pâté dont est question; pour
les autres, je ne les ai point épargnés, persuadé que cela vous est
indifférent, et que vous ne prenez d'intérêt qu'à votre femme et à
votre beau-père.

Vous me direz, car vous êtes fécond en *erroneries*, qu'il me
convient mieux de faire des brioches que des vers, et que je ne
suis pas *gravé* là où il faut pour être poète. A cela, je réponds :
1º Que tout homme qui n'a pas d'*obstructions* dans l'esprit a droit
de se faire auteur; 2º Que, comme il s'agit d'un pâté, il m'est
permis, en qualité de pâtissier, d'en parler, même en vers.

Au reste, je n'ai point voulu faire le *Farot*, ni le *Pacaud*, et,
étant connu pour ce que je suis, non-seulement dans mon endroit,

---

[1] Surnom du beau-père de M. d'Haranguières.

[2] M. C***, élu dans une ville voisine, avait envoyé un bonnet
d'âne et du son à son cousin, M. de Billy, d'Ervy.

mais encore dans d'autres pour moi fort peu requerant, je ne me suis pas donné des airs de poète d'importance. Mon style est simple, naïf et tel que celui de la *Bilboquète bleue,* que vous aimez tant; ainsi, j'espère que vous, qui êtes accoutumé à lire avec beaucoup de plaisir les aventures du *Chat botté,* vous n'en aurez pas moins à lire celles du *Chat mis en Pâté.* Si, cependant, vous trouvez quelque chose qui vous déplaise, je vous prie de mettre vos *apostrophes* en marge, et j'en profiterai pour me réformer.

Je suis, etc...

Après une entrée en matière et des réflexions prélimi-
naires, Blonnier raconte que, depuis deux ans, de Billy méditait de se venger de l'Elu, qui lui avait envoyé un bonnet d'âne, mais :

> . . . . Sans un double ulcère
> Dont son vieux chat eut le crâne rongé,
> Il ne serait peut-être pas vengé.
> O pauvre chat! l'âge et la maladie,
> Depuis longtemps te tiennent aux abois,
> Toute ta force était anéantie ;
> Ne pouvant plus ni grimper sur les toits,
> Ni pourchasser le peuple souriquois,
> A quoi te sert ta languissante vie ?
> Elle n'est plus pour toi qu'un triste poids.
> Quitte-la donc, meurs, et venge ton maître,
> Tu jouiras du destin le plus beau :
> Des corps humains, de toi vont se repaître
> Et t'ouvriront un glorieux tombeau.

Le chat est donc immolé. Tout le monde travaille à qui mieux mieux aux apprêts d'un pâté qui doit être expédié à l'Elu, sous le titre de « pâté de lapin ».

> O C***, tous, jusqu'à tes sœurs même,
> A te tromper veulent contribuer,
> Et de leur part aidant au stratagême,
> La sœur Gothon, prête à s'évertuer,
> Par ses conseils dirige les ouvrages
> Et sous ses yeux fait laver les herbages
> Dans un grand vase où, depuis trente hivers,
> Le vieux Baillot[1] va, non loin des latrines,
> Soir et matin, déposer ses urines!... Etc.

---

[1] Baillot, d'Ervy, beau-père de l'Elu,

Le pâté arrive chez l'Elu, accompagné d'une lettre de sa belle-sœur Charlotte. La nouvelle se répand et...

> On vit soudain accourir la cohue
> De ses parents, alliés et amis :
> Du mets friand, tous repaissent leur vue.
> Ah ! s'écriait X... dans sa joie,
> Le beau pâté... C'est à nous qu'on l'envoie ;
> Voyez-vous pas trois têtes de bélier,
> Ce sont pardieu les armes de mon père !...
> J'omets ici mille et mille propos,
> Et ne crains point, lecteur, que tu me blâmes,
> Car qui pourrait répéter tous les mots
> Que peuvent dire en deux heures six femmes !
> Après avoir très longtemps caqueté,-
> Elles allaient pourtant rester muettes,
> Quand, pour renfort, arrive encor botté
> Le médecin, grand conteur de sornettes.
> . . . .
> Pendant ce temps, C'**, dans un coin,
> A sa moitié va parler sans témoin :
> « Tu sais, mon cœur, lui dit-il, d'un ton tendre :
> « Qu'il ne faut pas toujours et toujours prendre,
> « Car nous pourrions lasser la charité
> « Et le bon cœur de la société
> « Si l'on voyait que nous prissions sans rendre ;
> « Il s'agit donc de donner un repas
> « Pour en payer au moins une centaine,
> « Et ce pâté qui nous est une aubaine.
> « Car, par ma foi, nous ne l'attendions pas,
> « Ce pâté, dis-je, ornera notre fête ;
> « On en peut faire un entremets honnête !
> « — Oui, mais, mon cher, voilà des embarras
> « Qui vont tomber en foule sur mes bras :
> « Tu sais combien je hais d'être gênée !
> « — Mais quoi ! ce n'est qu'une fois dans l'année.
> « — J'y consens donc, fais ce que tu voudras. »

Des invitations générales sont lancées pour le lendemain à midi, malgré certains avertissements qui auraient dû mettre en éveil :

> On réfléchit cependant sur l'affaire,
> Et, par avis du conseil féminin,
> On résolut de choisir un arbitre
> Qui du pâté réglerait le destin :

« C'est moi, c'est moi, cria le médecin,
« C'est moi qu'il faut décorer de ce titre ;
« Depuis vingt ans je hante les châteaux
« Et, Dieu merci, je connais les morceaux ! »
Bref, le docteur plut à tout le chapitre.

. . . .

Notre Esculape, ayant levé la croûte,
Tourne le chat, le retourne et le goûte !
« Oh, oh ! dit-il, Messieurs, il sent le thym !
« Il est parbleu lapin, et très lapin,
« Et, qui plus est, vrai lapin de garenne. »... Etc.

Dès lors, cette opinion ne fait de doute pour personne :

Je ne veux point me charger de décrire
Les mets divers qui, dans ce grand festin,
Furent servis avant le faux lapin.
Mon cher lecteur, il suffit de te dire
Qu'on y jasa, qu'on médit du prochain,
Et qu'on eut soin de manger et de boire.
Tous à cela travaillaient de leur mieux.

. . . .

Quand le docteur eut, autour de la table,
Distribué les tranches à foison,
Il se servit lui-même et sut, du râble,
S'approprier un énorme tronçon.
En le mangeant il s'écriait sans cesse,
Tantôt louant le goût de venaison,
Tantôt blâmant la fadeur de la graisse.

. . . .

Psicarpax[1] prit et mangea comme un diable,
Il garnit bien son ventre insatiable,
Et, qui l'eût cru, ce général des rats,
En se gorgeant de chair ne sentit pas
Qu'il dévorait un chat impitoyable
Qui, dans sa vie, ennemi redoutable,
Livrait aux siens les plus rudes combats.

. . . .

Gieti[2] seul, Gieti plus timide,
Pour l'appétit est tout en désarroi.
Ce jeune rat, qu'un instinct secret guide,
Près du matou, sans qu'on sache pourquoi,
Sent dans son cœur naître un soudain effroi !

---

[1] Surnom du Directeur des Aides.

[2] Surnom du fils de Psicarpax.

> D'un œil surpris Thérèse[1] le contemple,
> Et, s'avisant qu'il reste sans manger,
> A se nourrir elle veut l'engager.
> « — Eh bien ! dit-il, prêchez-moi donc d'exemple,
> « Venez vous mettre à table. — Je ne puis,
> « Lui répond-elle en souriant, je suis,
> « Vous le savez, la Marthe du logis,
> « Et c'est sur moi que roule tout l'ouvrage. »
> . . . .

Et, en effet :

> Monsieur l'Elu n'avait point de servante ;
> Voici comment la sienne était absente :
> Elle lui vint, d'un air fort affligé,
> Pour quelques jours demander un congé,
> En alléguant d'abord une migraine,
> Puis le désir d'aller voir ses parents,
> Et notre Elu, dont l'âme est très humaine,
> Lui voulut bien donner une huitaine.
> Elle partit, mais ce fut pour longtemps,
> Tant est qu'enfin, depuis plus de trois ans,
> Elle n'est pas encore revenue,
> Et cependant est toujours attendue.... Etc.

Chacun mange avec appétit et vante le pâté ; les vins capiteux montent les esprits :

> Mais plus qu'eux tous leur hôte se signale,
> En pointillant chaque fois qu'il avale,
> A verre plein, le nectar enchanteur :
> « Messieurs, dit-il, c'est un enfant de chœur
> « Qui vient d'entrer dans une cathédrale. »
> On applaudit avec beaucoup d'ardeur
> A cette pointe, et, quoique triviale,
> Elle combla de gloire son auteur.
> Encouragé par ce succès flatteur,
> L'Elu bientôt redouble ses attaques,
> *Et, rallumant son verre* et son esprit,
> Il recommence à boire, puis il dit :
> « C'est le dernier que j'ai bu depuis Pâques. »
> Et de nouveau tout le monde applaudit.... Etc.

---

[1] La femme de l'Elu.

Le repas se termine joyeusement, et, pendant plusieurs
jours, l'Elu vit des restes de son pâté, jusqu'à ce qu'enfin
un de ses beaux-frères vienne lui apprendre la vérité.
Fureur de l'Elu, qui écrit à son oncle Billy une lettre de
récrimination sur la conduite de son fils :

> Dieu sait combien le médecin se pique !
> De souvenir sa femme a la colique,
> Et, jusqu'au ciel élevant ses clameurs :
> « A moi, mon cher, dit-elle, je me meurs !
> « A l'émétique, hélas ! à l'émétique ! »
> Pendant ce temps, le pâle médecin
> Va feuilleter une vieille chronique ;
> C'est là qu'il lit qu'un homme fanatique,
> Ayant mangé d'un chat jeune et très sain,
> L'an mil cinq cent, était mort de farcin.... Etc.

Le poème se termine par ces quatre vers :

> . . . . je finis et souhaite
> Que ce vieux chat, dont la gloire est complète,
> Et qui chez vous a trouvé des tombeaux,
> Puisse chasser les rats de vos cerveaux !

Ce poème, copié et recopié, passe de mains en mains et
a un succès énorme, mais il dut bientôt être complété.
Thérèse, en effet, femme de l'Elu, était immédiatement
allée se plaindre à Ervy. Le Thors de Vauclairon, toujours
sous le pseudonyme de Blonnier, compose une nouvelle
pièce de vers qui débute par un dialogue avec d'Haranguières :

> . . . .

> BLONNIER
> « — Quoi, vous voulez empêcher qu'on ne rie ! »

> D'HARANGUIÈRES
> « — Non, tant s'en faut ; quand la plaisanterie
> « N'a rien en soi de nuisible à l'honneur,
> « Elle m'amuse et j'en ris de bon cœur ;
> « Mais à l'excès pousser l'*erronnerie*,
> « De *Bluc en Blanc* insulter un Elu
> « Et le berner de sa mesquinerie,
> « Voilà, Blonnier, ce qui m'a fort déplu,

> « Et ce qu'en toi hautement je condamne.
> « Si tu disais : C*** est un âne,
> « C'est un *Brancard* que j'aurais excusé
> « Et qui ne peut tirer à conséquence,
> « Car tout Elu, d'avoir de la science,
> « Est, comme on sait, de plein droit dispensé,
> « Et l'ânerie en eux n'est point un vice !
> « Mais l'accuser d'une basse avarice,
> « C'est excéder. . . . . »

Blonnier dit donc qu'il se repent et va maintenant chanter
La Vengeance de l'Elu. Il dépeint l'arrivée tragique à
Ervy de Thérèse, qui se dit empoisonnée, l'amertume avec
laquelle elle se plaint auprès de M. Baillot, son père, qui :

> Saisi d'horreur et de crainte à la fois,
> Fit pour le moins trente signes de croix,

surtout lorsqu'il eut pris connaissance de la lettre écrite
par sa fille Charlotte :

> Ce fut alors le moment de l'entendre :
> Faire passer un chat pour un lapin,
> Loin qu'à ses yeux ce fût un tour risible,
> C'est, au contraire, un attentat horrible !
> Un crime affreux de lèse-élection.
> . . . .
> Vous l'eussiez vu, dans son transport dévôt,
> Prendre à témoins et les Saints et les Saintes.... Etc.

Le père Baillot apostrophe durement sa fille Charlotte,
qui vient implorer son pardon à genoux :

> Oui, traîtresse, oui, si les liens du sang
> Ne te font pas respecter ton beau-frère,
> Tu dois au moins des égards à son rang.
> Je veux qu'il soit par lui-même bernable,
> Mais par sa charge il devient respectable ;
> Quoiqu'ignorant, sais-tu qu'il est Elu ?
> Et Conseiller du Roi, dis, le sais-tu ?

Dans sa colère, il chasse de chez lui « cette vipère qu'il
a nourrie dans son giron » et lui défend de reparaître avant
huit jours. Mais tout Ervy, mis au courant de l'aventure,

prend parti pour Charlotte ; c'est à qui l'attirera, la gâtera,
l'accueillera, tant et si bien que pour faire cesser cette
ovation, Thérèse la fait rappeler par le père Baillot qui,
admirant tant de magnanimité :

> . . . . court dans le saint lieu
> Où, plein de joie, il rend grâces à Dieu
> D'avoir remis la paix dans sa famille.

Mais ce n'est pas fini. On apprend un nouveau détail
sur le pâté de chat, et Blonnier, qui avait déclaré ne plus
vouloir rimer, se met à recommencer, car :

> Qui donc pourrait, sans devenir poëte,
> Voir d'un Elu la libéralité ?
> Oui, C***, c'est cette qualité,
> Qui fut toujours dans tes pareils si rare,
> Qu'à célébrer en toi je me prépare ;
> Non que j'espère obtenir ton aveu :
> Je te connais trop plein de modestie
> Pour que ton cœur soit flatté tant soit peu
> Par la louange. . . . .

Ce qu'on a oublié de raconter, c'est :

> . . . . le trait le plus plaisant,
> C'est que le chat, chose à peine croyable,
> De chez l'Elu fit sortir un présent !

Et voici comment. A peine avait-on apporté le pâté, que :

> . . . . l'on t'ouït, plein de reconnaissance,
> A ton épouse adresser ce discours :
> « Unique objet de mes tendres amours,
> « Oh ! que j'ai lieu de louer tous les jours
> « Et de chérir la bénite alliance
> « Qu'un heureux sort m'a fait faire avec toi !
> « Car, sans l'hymen qui te conjoint à moi,
> « En tout honneur et toute conscience,
> « Ce beau pâté, qu'aujourd'hui je reçois,
> « M'aurait passé bien loin du nez, je pense ;
> « Ta sœur me fait ce présent, et je dois,
> « Si mon dessein est qu'elle recommence,
> « L'encourager par quelque récompense.
> « Tu le sens bien, ma chère, être mesquin
> « En pareil cas et craindre la dépense,

« Serait chasser l'eau de notre moulin !
« Faisons-nous donc aujourd'hui violence,
« Et que ta sœur, qui le mérite bien,
« Reçoive un don équivalent au sien.
« Eh quoi ! déjà te voilà tout en transe !
« Va, ce présent ne nous coûtera rien,
« Et c'est à tort que tu t'es consternée;
« Ne sais-tu pas, quand je fais ma tournée,
« Qu'après avoir été bien hébergés,
« Mon âne et moi, nous revenons chargés
« De mille effets, de dons de toute espèce,
« Qu'en chaque lieu je reçois pièce à pièce.
« Dès qu'on me voit, c'est à qui mieux fera,
« Les bonnes gens viennent m'offrir par troupes
« Ratafia, noix, pruneaux et cœtera;
« Enfin, ma chère, en glose qui voudra,
« J'accepte tout, jusques à des étoupes.
« Mais, diras-tu, que suit-il de cela?
« Ce qu'il en suit? C'est que dans notre armoire,
« Grâces à Dieu, nous avons des liqueurs
« Plus que tous deux nous ne pouvons en boire,
« Quand tous les jours nous aurions des aigreurs.
« Eh bien ! il faut, me vas-tu dire, en vendre?
« Mon amie, oui, j'y consens de bon cœur,
« Mais quelque gain que nous puissions attendre
« De ce trafic, sevrons-nous pour ta sœur
« Et donnons-lui, par grâce spéciale,
« Une bouteille. Il faut se faire honneur
« Près du public et lever tout scandale.
« Or, tu le sais, nous avons du malheur,
« Nous ne passons, ni moi pour un donneur,
« Ni toi, mamour, pour femme libérale.
« C'est que le monde, hélas ! est médisant;
« Mais nous pouvons faire taire sa langue
« Si tu consens à lâcher ce présent. »
De C*** telle fut la harangue
Qui pourra bien, cher lecteur, t'étonner
Par sa longueur; mais, enfin, considère
Qu'en haranguant il lui fallait gagner
Sa chère épouse et l'induire à donner :
Ce n'était pas une petite affaire; ·
Tout son babil était là nécessaire,
Aussi fut-il sans réserve employé.
Heureux d'avoir, après son plaidoyer,
Selon ses vœux vu terminer la chose.
Que d'avocats, quand ils ont déployé
Tous leurs talents, perdent encor leur cause !

. . . .
Sa femme cède à ses bonnes raisons,
Et, lui laissant une pleine victoire :
— « Tu peux, dit-elle, envoyer à ma sœur
« Ton ratafia ; je t'en laisse le maître,
« Mais garde-toi d'envoyer le meilleur ! »
— « Oh ! peux-tu donc assez peu me connaître,
« Dit C*** ; cesse d'avoir si peur.
« Je sais agir sans que l'on me conseille,
« Et j'ai déjà fait choix d'une bouteille
« Que tu pourras voir partir sans douleur. »... Etc.

Il envoie donc sa bouteille, accompagnée d'une lettre de remerciement :

Mon cher lecteur, si j'allais te redire
Le verbiage et le long compliment
Qu'à notre Elu la gratitude inspire,
Je te pourrais ennuyer amplement.... Etc.

Quelques jours après, le tour du pâté est découvert. Désespoir de C*** ; ses lauriers se changent en chardons :

Il est saisi d'un violent vertige,
Se refusant de boire et de manger,
Désespéré, réclamant sa bouteille.
. . . .
Il sort, il rentre et se couche en jurant
Qu'il ne fera jamais aucun présent.

En rappelant cette anecdote, nous avons un peu dépassé les limites de notre monographie. C'est que nous avons voulu donner une idée des farces qui égayaient l'esprit caustique des bons habitants de Chaource, où les Regnault, Berthelin et Le Thors, avec leur facilité de versification, se montraient dignes de leur prédécesseur, Amadis Jamin. Quittant fort peu leur pays, ils cherchaient sur place leurs sujets de distraction, quelquefois, il est vrai, au détriment du voisin ; mais c'était surtout leur gaieté naturelle qui les y invitait, et, s'ils étaient parfois mordants, ils savaient ne pas dépasser la mesure dans les choses sérieuses[1]. En tout cas, s'il se produisait quelques froissements, rien n'aidait à la réconciliation comme ces dîners assaisonnés de bonne humeur, tels que jadis on savait en faire dans ce pays-là.

Il n'existe plus aujourd'hui aucun survivant de cette joyeuse génération. Les parents et grands parents ont disparu successivement, et, après la mort de sa mère, Edmond Regnault, comme représentant de la branche aînée, devint à son tour chef de la famille. « Je pleure « avec toi, lui écrit sa belle-mère, Mme Billebault des « Rosiers, une vieille amie qui mérite les regrets de sa « famille et de ceux qui l'ont connue, mais en même « temps tu as des grâces à rendre à Dieu de l'avoir « conservée aussi longtemps. Te voilà maintenant chef de « famille. Tu n'auras pas des devoirs bien pénibles à « remplir vis-à-vis de tes frères et sœurs, ils sont tous « bien pourvus. Tu as été bon fils, tes enfants te rendent « l'affection que tu portais aux tiens. C'est une riche « indemnité de la perte de nos premières affections et de « notre jeunesse. »

Mais chaque branche forme à son tour une famille qui, par ses nouvelles alliances, est amenée à quitter le pays. Les sentiments d'affection subsistent toujours, mais les liens s'éloignent ; les réunions deviennent de plus en plus rares : « Venez, venez vite nous trouver, écrit F. Bonnet à « Henriette Regnault, venez que nous causions encore ; « toute conversation avec vous sera bonne, car l'amitié

---

[1] « Prends de bonne heure, écrit Alexandre Berthelin, l'habitude de parler avec mesure pourtant, mais toujours de bonne foi, des hommes et des choses, tel a toujours été mon caractère. Je serais allé plus loin peut-être avec une autre méthode, mais j'aurais perdu dans l'opinion de quelques hommes de bien, et certes, je serais moins content de moi, quoiqu'il s'en faille beaucoup que je le sois tout à fait. »

« n'est pas une question de lieux et de temps, c'est toujours
« et partout. » Quel plaisir on a alors à se retrouver, quel
plaisir aussi on a à revoir son vieux Chaource. « Par le
« souvenir, je vis tant avec vous, écrit Julie Regnault
« (Mme Gabiot) à Henriette Regnault, que je me surprends
« à penser que je vous ai écrit.

« Quel long silence, après une si bonne et si douce
« hospitalité. J'en ai le cœur rempli, et voilà que je reste
« muette pour avoir trop à dire. Oh ! comme j'ai bien senti,
« en abordant tes enfants, que je n'avais pas encor quitté
« la famille ! Exprime-leur bien tous mes sentiments pour
« eux et ma reconnaissance. Vous m'avez si bien aimés
« tous, que je remercie Dieu de ce bienfait qu'il réservait
« à mon cœur, car je le savoure encore. Quel doux
« voyage ! Pourquoi ne peut-on avoir tout son monde
« autour de soi? En passant à Tonnerre, je me suis trouvée
« en face d'un jeune homme de Bar-sur-Seine. Je n'ai
« pu m'empêcher de lui sauter au cou. La surprise en a
« été moins douce pour lui que pour moi. Nos physio-
« nomies, dans ce moment critique pour lui, ne devaient
« pas se ressembler. Enfin, j'arrive à Chaource, le cœur
« plein de vous et du plaisir de les surprendre et de les
« embrasser tous. On était dans le fort des élections[1], et
« non moins contents de se retrouver tous, je partageais
« les émotions. M. Rouvre, seul, paraissait calme; il était
« très digne et n'a pas demandé une seule voix. Néan-
« moins, les sympathies de son pays lui ont été douces.
« C'est pour lui qu'il a été nommé et par les villages
« voisins. Ma chère, tout aussitôt la musique a été sur
« pied; les aubades se succédaient; nous tombions d'ina-
« nition; mais il fallait encore subir le tambour, puis après
« les facteurs ; le plus fûté a fait et prononcé un compli-

---

[1] Elections pour le Conseil d'arrondissement.

« ment, qui était court et vraiment bien. Tu nous crois
« quittes, non ; une fusillade épouvantable est venue faire
« trembler la maison et ébranler toutes nos personnes,
« qui étaient presque à jeun. Le surlendemain, rentrant
« dans mon castel, je me suis trouvée dans les bras
« d'Ernestine ; elle m'étreignait, elle pleurait, et cela
« m'était bon encore. Enfin, j'ai revu tout mon monde.
« Je n'ai presque pas encore dîné chez moi. Ce soir, c'est
« ma belle-sœur qui me traite... Je pense à toi et je
« t'aime de tout mon cœur. Je n'ai guère le temps de
« t'en dire plus long ; ajoute à cette simple phrase ma
« reconnaissance pour tout ce que tu m'as dit de tendre et
« d'affectueux, tout cela prouvé par des actions, bien plus
« que par des paroles, et tu auras une juste idée des
« impressions que tu m'as laissées et que j'ai emportées
« avec moi. Je dois pourtant t'avouer que, tout en ayant le
« cœur plein de tes bienfaits, je n'en ai pas moins salué
« mon pays, ma maisonnette, tant triste soit-elle main-
« tenant, avec cet amour de la patrie qui annonce un cœur
« bien né. »

En exposant plus haut l'intimité exceptionnelle dans
laquelle vivait la famille Regnault, nous n'avons pas eu la
prétention de soutenir que ses membres étaient également
aussi intelligents, spirituels et unis entre eux. Dans leur
grand nombre, il devait y avoir quelques exceptions, si
nous en jugeons par cette oraison funèbre d'un membre
de la famille par Alexandre Regnault : « Nous avons
« conduit, mercredi dernier, M. P*** à son dernier séjour ;
« sa dernière parole a été, en parlant à sa femme : « Vous
« êtes une *sotte* » ; vous voyez qu'il a fini comme il avait
« commencé. » Une autre fois, Julie Regnault (Gabiot)
écrivait : « Quand le cousin S*** vient me voir, il est
« toujours sûr de me faire plaisir, si ce n'est pas en
« venant, c'est en s'en allant. Je le salue en arrière pour
« ne pas me trouver dans ses bras pour l'embrasser, et je

« le fais aussi rafraîchir ; mais si je le voyais maintenant,
« j'insisterais pour le garder à dîner, puisqu'il est dans la
« peine. »

Il n'y en avait pas moins une de ces intimités comme il
ne peut plus en exister que très rarement aujourd'hui, où les
facilités de communication ont provoqué la dispersion des
familles et le désir d'aller chercher fortune ailleurs que
dans son pays.

Si les hommes vivaient davantage dans le commerce
des femmes, on a vu qu'ils n'en déployaient pas moins de
valeur dans l'accomplissement de leurs carrières. Si les
femmes aimaient à recevoir des compliments agréables et
des madrigaux galants, dont nous ne citerons pas ici d'échan-
tillons, pour clore cette notice déjà trop longue, elles n'en
étaient pas moins des femmes sérieuses, instruites et aimant
leur intérieur [1].

L'existence était moins surmenée, plus calme. Les
familles étaient plus étroitement liées. Devons-nous en
conclure que l'ancien temps valait mieux que le nôtre ?
nous ne voulons pas aller jusque-là. Notre époque, grâce
aux merveilleux progrès accomplis en tous genres, a son
cachet d'incomparable grandeur. Mais est-ce à dire pour
cela, qu'en réalité, nous vivions beaucoup plus heureux
que nos parents, c'est ce que nous n'oserions affirmer.

---

[1] « Je me plais à penser, écrit la mère d'Henriette Regnault, en
« 1820, que ma chère fille ne fait pas son affaire capitale d'une
« comédie ou d'une visite, et qu'elle trouve tous les jours le moyen
« de faire une lecture ou un ouvrage utile. Le premier point surtout
« m'occupe, car si tu prenais l'habitude de consumer ton temps en
« niaiseries et en riens, tu trouverais la vie bien triste et bien
« vide. Heureux ceux qui savent se suffire à eux-mêmes et qui
« peuvent vivre sans le secours d'une société étrangère qui fait
« souvent payer cher le plaisir qu'elle semble vous donner. »

IMPRIMERIE DUFOUR-BOUQUOT
TROYES